ALEX D'ALESSANDRO
LUCA LOSCO

PROTEGGITI DALLE CRISI FINANZIARIE

Come Affrontare In Modo Vincente Le Oscillazioni Di Mercato Su Risparmi e Patrimoni

Titolo

"PROTEGGITI DALLE CRISI FINANZIARIE"

Autore

Alex D'Alessandro

Luca Losco

Editore

Bruno Editore

Sito internet

http://www.brunoeditore.it

Sommario

Prefazione
A cura di Christian Coletto

PASSATO - FUTURO – BAROLO

PASSATO

- 15 settembre 2008: Lehman fallisce e la crisi esplode: "Crisi a Wall Street, Lehman in bilico, Merrill in vendita e AIG (AMERICAN INTERNATIONAL GROUP) in cerca di soldi". Il fallimento della banca Lehman Brothers, una delle maggiori negli Stati Uniti, fu tanto improvviso quanto devastante.

- 9 novembre 2011: lo spread tra i Btp decennali e i Bund tedeschi sfonda quota 500 punti e vola verso quota 600. Il differenziale ha toccato il livello record di 574 punti per un rendimento del 7,4%.

- 13 marzo 2020: Borsa, tonfo di Piazza Affari. Ftse Mib -16,9%, è il peggior ribasso della sua storia. Crolla Wall Street: Dj -10%.

Se ripercorressimo gli anni passati sono molti gli eventi che hanno creato fasi di tensione e turbolenza sui mercati. Sono le giornate dove ci facciamo prendere dal panico, in cui ci blocchiamo e perdiamo la capacità di riflettere, di pianificare e guardare oltre la singola notizia.

La storia però ci insegna che dopo alcuni giorni e settimane, quando le vicende si normalizzano, ritorna in noi la lucidità mentale utile per comprendere l'evoluzione temporale. È qui che ci domandiamo: come ho fatto a non capirlo? Perché non ci ho pensato prima? Perché non abbiamo comprato?

È in questi momenti che serve alzare lo sguardo dalla notizia quotidiana e rivolgerlo dove altri ancora non arrivano. Vedere quello che altri non possono vedere. Guardare oltre le nuvole di breve periodo per trovare le certezze di lungo termine.

Quando investiamo purtroppo ci focalizziamo sul rendimento di breve termine, sulla chiusura quotidiana delle borse, perdendo invece l'immagine complessiva, l'intero panorama.

FUTURO

Il Mondo post Covid-19 sarà diverso, sarà un mondo più indebitato, con aziende e settori sopravvissuti grazie all'intervento statale. Le grandi misure di stimolo monetario e fiscale potranno creare pressioni inflattive. Sarà probabilmente un mondo più regolamentato, meno globalizzato, ma sicuramente più digitale.

Vivremo un nuovo ciclo economico con caratteristiche e peculiarità diverse: economia digitale, pagamenti digitali, robotica, automazione, sostenibilità, cybersecurity, sequenziamento genetico, telemedicina e tanto altro.

Poche righe sono sufficienti per capire che, già oggi, posso e devo pianificare meglio la mia situazione patrimoniale futura. Ci sono dei temi e delle opportunità che posso cogliere, che devo cogliere.

BAROLO

Sono nato in un piccolo comune delle Langhe, vicino ad Alba. Una zona straordinaria che, negli ultimi anni, è stata particolarmente valorizzata dai prodotti locali.

Il Barolo è diventato uno dei vini più apprezzati al mondo, grazie alle sue caratteristiche e alla professionalità e lungimiranza di molti produttori.

I meno esperti di vino magari non sanno che il Barolo si produce con le uve Nebbiolo invecchiate per almeno 38 mesi. Non puoi produrre Barolo in un giorno e nemmeno in un anno.

La Terra, le uve, le condizioni meteo, l'abilità del vignaiolo e la sua visione del vino sono gli ingredienti principali. A volte, però, ci sono temporali e tempeste, annate ottime e altre meno. Tuttavia è il tempo cha fa la differenza. È il tempo che crea valore!

Tre brevissime storie apparentemente scollegate con qualcosa che le accomuna.

Abbiamo passato e passeremo anche in futuro situazioni e accadimenti nuovi e imprevedibili. L'esperienza passata ci aiuterà ad affrontarli. L'aspetto importante è che non dobbiamo confondere i nostri obiettivi finanziari, personali e familiari con le notizie quotidiane.

Una corretta pianificazione in linea con i nostri obiettivi è la ricetta vincente per il futuro. Per questo motivo, infatti, ho accettato l'invito di due amici, Luca e Alex, per la prefazione di questo loro importante lavoro.

Ho accettato perché sono ottimi professionisti che hanno da sempre a mente tutto questo e ogni giorno portano i loro clienti dalle nebbie del breve alle certezze del lungo termine.

Capire il passato, guardare il futuro. Mettere a fuoco i propri obiettivi e pianificare le proprie azioni, magari con un bicchiere di Barolo!

Christian Coletto
Sales Director Pictet Asset Management

Introduzione

Due professionisti, un obiettivo principale: la tutela dei tuoi patrimoni al tempo di Covid19.

Siamo liberi professionisti che lavorano per un primario gruppo bancario italiano. Abbiamo una lunga esperienza alle spalle nei servizi di *private banking* e *wealth management* e seguiamo in maniera consulenziale i nostri clienti, affiancandoli in ogni momento della gestione dei patrimoni finanziari, immobiliari, aziendali e artistici.

Siamo professionisti, consulenti patrimoniali e specializzati: professionisti perché seguiamo i nostri clienti nei progetti di vita con soluzioni d'investimento personalizzate, volte a tutelare il patrimonio familiare; consulenti patrimoniali perché ascoltiamo le esigenze dei nostri clienti e progettiamo per loro strategie personalizzate d'investimento; specializzati perché conosciamo bene gli strumenti a disposizione e siamo costantemente aggiornati su andamenti di mercato e strategie d'investimento.

Con questo libro abbiamo deciso di mettere a tua disposizione le nostre conoscenze e la nostra esperienza in un momento delicato e particolare per tutti, anche per il nostro settore.

L'obiettivo è consentirti di capire meglio cosa significa investire in linea generale, ma soprattutto al tempo di Covid19 e di orientarti in modo consapevole nella giungla di offerte e informazioni per tutelare i tuoi risparmi e il tuo patrimonio.

Pagina dopo pagina saremo le tue guide, per dissolvere insieme paure ed incertezze.

Alex D'Alessandro

Sono consulente finanziario specializzato nell'affiancamento di clientela professionale e istituzionale.

Sono nato il 4 Marzo 1981 e mi sono laureato in economia e commercio nel 2003 con 110/110. Sono iscritto all'Aipb (associazione italiana private banking) e all'Albo ocf (albo dei consulenti finanziari sia dipendenti che liberi professionisti).

Dal 2014 ad oggi sono in Banca Generali Private Spa dove ricopro il ruolo di *Executive Manager*. Mi occupo anche del coordinamento e della gestione di un team di Private Banker, dedicato ai grandi patrimoni. Oltre ad occuparmi della selezione e formazione di professionisti di alto profilo provenienti dal mondo bancario, gestisco direttamente un importante portafoglio clienti di elevato *standing*.

Prima di entrare in Banca Generali Private ho fatto parte di un grande gruppo bancario europeo nella divisione di private banking – wealth management nel Network Centro Nord Italia, con particolare attenzione alla clientela private alto *standing* (con patrimoni > 5 mln).

Luca Losco

Sono un consulente finanziario specializzato nell'affiancamento di clientela privata di elevato standing.

Sono nato il 2 Agosto 1980, laureato in giurisprudenza presso l'Università di Macerata, ho conseguito un Master per le professioni legali e finanziarie nel 2006.

Attualmente sono iscritto all'Aipb e all'Albo ocf e dal 2018 sono responsabile territoriale del Centro Studi del Pensiero Liberale.

Sono in Banca Generali dal 2015, prima come *Professional Financial Planner,* e poi dal 2017 come *Private Banker*. Prima di approdare in Banca Generali ho maturato nove anni di esperienza come *Private Banker* per clientela con oltre 500K euro di portafoglio in Banca Monte dei Paschi di Siena, dove, come responsabile formazione area finanza, mi occupavo anche della formazione dei colleghi.

Capitolo 1:
Il nuovo scenario dovuto al COVID-19

1.1 Panico vs nervi saldi

Il terremoto provocato dalla pandemia da Covid19 ha generato una bella dose di panico che si è diffuso in tutti i mercati finanziari. I forti scossoni al ribasso del mercato azionario hanno innervosito la maggior parte degli investitori e dei risparmiatori, forse anche tu che stai leggendo questo libro. Alcuni potrebbero essere tentati di liquidare le proprie partecipazioni.

In realtà, periodi di volatilità come quello che si sta vivendo attualmente, con andamento del mercato guidato dal Coronavirus, offrono ai consulenti finanziari l'opportunità di dimostrare il proprio valore e di trasmettere fiducia ai propri clienti.

In un futuro immediato il virus potrebbe causare una continua volatilità, ma bisogna tenere ben presente che le correzioni del mercato sono un evento piuttosto comune.

In queste circostanze, a meno di non trovarsi nel pieno di un cambiamento sostanziale della propria vita personale, è bene non rinnovare radicalmente la propria strategia d'investimento.

Emotività, ansia e paura possono far compiere scelte sbagliate, che si pagheranno poi a caro prezzo come dimostrano oltre 200 anni di storia. Cosa serve? Metodo, razionalità e capacità di affrontare il futuro senza farsi assorbire dalla negatività.

Il listino cinese, che ha recuperato tutte le perdite dall'inizio della crisi, ne è la dimostrazione lampante.

Luca's tip: lo stress emotivo insieme alla preoccupazione per il domani possono spingere a mettere in discussione il proprio consulente e a disinvestire laddove possibile, per tornare a mettere i risparmi sotto al materasso.

Mai come ora è necessario avere fiducia in chi ti è stato accanto negli ultimi anni, continuando a seguire le sue indicazioni, anche se l'emozione potrebbe portarti a voler fare scelte diverse.

2.1 Il passato insegna sempre

La crisi causata dal diffondersi del Covid19 presenta aspetti certamente atipici. Tuttavia, è bene dirlo subito, numeri drammatici come quelli che abbiamo visto di questi tempi nelle Borse, non costituiscono un caso isolato nella storia economica. Non è la prima crisi e certamente non sarà l'ultima, per cui ripercorrere gli eventi del passato non può che esserti d'aiuto.

1999-2003 La crisi Argentina

Tra il '90 ed il '98 l'Argentina ha vissuto un periodo di forte espansione, con crescita di Pil, esportazioni e Merval. L'adozione di un piano di convertibilità sul rapporto peso/dollaro e di forti riforme sociali da parte del governo portò a conseguenze disastrose: a dicembre 2001 l'Argentina dichiarò la bancarotta.

I bond argentini diventano inesigibili, il Fmi blocca i prestiti precedentemente contratti dal paese e il governo contingenta i prelievi. La ripresa è arrivata nel 2003 attraverso prestiti del Fmi e crescita del Pil con ritmi simili a quello cinese, con contemporanea impennata anche del Merval, arrestatasi soltanto nel 2008.

2007-2013 La Grande Recessione e la paura di un nuovo '29

Nel 2006 il calo del prezzo delle case con la scarsa qualità dei mutui concessi ha scatenato un vero e proprio terremoto nel sistema finanziario americano. Con il fallimento della Lehman Brothers nel 2008 i prezzi delle azioni sono crollati in tutto il mondo, e i consumatori ridussero la spesa tagliando a ruota investimenti e produzione delle imprese.

Intervenne subito la Federal Reserve ad abbassare il tasso di interesse sul dollaro, quindi il governo con il Tarp, che prevedeva l'immissione di liquidità sul mercato al tasso dello 0,16% della Fed a sostegno delle banche del triennio 2007-2009.

Gli istituti di credito si sono ripresi, ma nel frattempo i governi si sono ritrovati con elevati debiti pubblici ed enormi disavanzi di bilancio a causa delle forti politiche espansive che si erano rese necessarie.

Nel frattempo, in Europa il declino della produzione è stato così drammatico che la crisi del *subprime* è diventata la crisi dell'euro. Per capirne la portata si può osservare l'andamento dell'Euro Stoxx

50: è arrivato a perdere il 60% tra luglio 2007 e marzo 2009, ma si è ripreso fino a toccare a febbraio 2020 i 3867 punti, un aumento del 111% rispetto al precedente crollo.

2010-2015 *"Whatever it takes"*

In seguito alla Grande Recessione, l'indebitamento ha finito con il mettere in ginocchio i fragili conti dei paesi più indebitati dell'eurozona. Con il dissesto dei conti della Grecia, la crisi ha ufficialmente preso il via.

Nel 2010 i paesi dell'eurozona e il Fmi hanno approvato un prestito di 110 miliardi di euro. Fu al culmine della crisi che l'allora presidente della Bce Mario Draghi si dichiarò pronto a fare *whatever it takes,* pur di dare respiro ai paesi in difficoltà.

Nel 2015, poi, la Bce ha messo in campo l'Eapp che, in aggiunta ad Euro Stoxx 50 e al Ftse, diventò emblematico nella rappresentazione di questa crisi, insieme a un ulteriore indice azionario: il Ftse/Athex Large Cap che racchiude i titoli delle più importanti aziende del paese ellenico.

Le riprese sono arrivate al 160% dal crollo a inizio 2015, anche se l'indice greco non ha mai rivisto i livelli pre-crisi.

Alex's tip: il passato ci ha insegnato che con strategie economiche audaci e politiche economiche coraggiose si può ripartire. Le istituzioni si stanno muovendo in sincronia per fornire il giusto sostegno ai vari paesi.

A ben vedere negli ultimi 50 anni i casi di ribassi oltre il 20% sono stati pochi, e i recuperi sono arrivati entro i tre, quattro anni.

La storia insegna che mosse avventate, come ad esempio tentare di indovinare il momento esatto in cui entrare o uscire dal mercato, possono impattare in modo significativamente negativo anche su un portafoglio equilibrato.

Mantenere i nervi saldi sembra essere dunque la regola fondamentale in situazioni simili, insieme a quella di affidarsi al proprio consulente di fiducia.

3.1 L'impatto di Covid19 sull'economia

Il Coronavirus sta mettendo in ginocchio l'economia globale, inutile negarlo. Secondo Rudi Van den Eynde, Head of Thematic Global Equity di Candriam, la situazione è certamente seria, ma non senza via d'uscita.

Con molta probabilità i dati relativi ai prossimi due trimestri non saranno particolarmente buoni, nessuno può dirci ora quanto dureranno le misure contenitive ed il *lockdown*, e soprattutto quali saranno gli effetti concreti della crisi attuale su tutti i mercati.

Sempre secondo Van den Eynde ci sono ottime probabilità che l'economia torni alla normalità entro l'estate del 2021. È qui che tu, investitore accorto e ben consigliato puoi fare la differenza: chi pensa a lungo termine, andando al di là dei prossimi mesi, si accorgerà che alcune società di qualità sono disponibili ad un prezzo molto più interessante rispetto a qualche settimana prima.

Intanto è chiaro che le misure di contenimento messe in atto dal governo per arginare gli effetti del virus hanno ovviamente originato un costo economico.

Lo shock di domanda ed offerta, legato al fatto che le persone sono rimaste chiuse in casa per settimane, e la gran parte dell'attività lavorativa è stata fermata dal *lockdown* sono pari a circa 4 punti percentuali del Pil.

Il virus Covid19 potrebbe scomparire insieme alla stagione influenzale, e allora i mercati azionari registrerebbero nuovi massimi storici più velocemente di quanto chiunque sia in grado d'immaginare. Se invece permanesse e l'isolamento proseguisse per mesi, ci sarebbe da aspettarsi una recessione globale.

Di contro, però, a fronte di questa recessione economica abbiamo una forte reazione sia da parte dei governi che delle banche centrali. L'impatto economico sarà forte sul primo e secondo trimestre del 2020, e già ora siamo in grado di pronosticare una fase di ripresa dell'economia a partire dal momento in cui si sarà tornati ad una sorta di normalità.

La fase di recessione sarà a U, con la normalizzazione collocata nella parte bassa della U e una ripresa verso la fine dell'anno.

Non devi mai dimenticare che i dati storici mostrano numerosi esempi di recessioni su scala globale. C'è sempre stata una ripresa e il recupero avverrà prima di quanto molti si aspettino e ben prima che venga rilevato, salvo che dal rialzo dei corsi azionari stessi.

Nel momento in cui i dati economici confermeranno la recessione, i mercati azionari avranno già ampiamente e rapidamente voltato pagina. Come è iniziato senza preavviso, così, il panico, svanirà allo stesso modo.

A conti fatti, quindi, possiamo dire che si, è un momento di grande paura, ma mantenere i nervi saldi ed essere un po' avidi potrebbe rivelarsi la mossa vincente.

Nel frattempo, le Banche centrali non sono rimaste ferme: difronte a una recessione economica servono misure forti. Al momento in cui si scrive tutte le banche centrali sono estremamente espansive, avendo iniettato liquidità immessa nell'economia reale, per un totale di 5.500 miliardi di dollari, pari al 10% del PIL mondiale.

Dall'altra parte viene messa in campo da tutti gli stati una politica fiscale di stimolo economico, che si aggiunge nel contesto di emergenza, con provvedimenti quali il "Cura Italia" o i provvedimenti presi da Donald Trump negli Stati Uniti, per un totale pari a 3 punti percentuali del Pil mondiale.

I mercati hanno reagito con nervosismo agli effetti del Covid19, con elevati picchi di volatilità e forti ribassi, soprattutto per l'incertezza legata all'andamento dei contagi e al prolungarsi delle misure di contenimento adottate dai vari governi, situazione successivamente mitigata dalle misure finanziarie e fiscali adottate.

Nel valutare la scelta di come investire e cosa inserire nei nostri portafogli molto dipenderà dall'andamento della curva dei contagi e dal conseguente inizio della cosiddetta fase 2, che porterà ad una nuova normalità sia a livello europeo che mondiale.

4.3 Un nuovo punto di vista

Dato per assodato che la crisi seguita alla diffusione del virus ha scatenato il caos sui mercati azionari, dirottando parecchi indici verso i loro minimi da molti anni a questa parte, e che un vero porto sicuro sia difficile da trovare, è pur vero che non per tutti tutto questo si è rivelato soltanto negativo.

Adottare un diverso punto di vista e cambiare prospettiva ti consentirà di intravedere oggi come sarà il nostro domani, per te e per i tuoi figli.

In momenti bui come questo è molto più difficile dibattere su come sarà il mondo nelle settimane a venire piuttosto che elevarsi al di sopra della nebbia e provare a vedere più in là, cercando di capire quali potranno essere le prospettive da qui a cinque anni.

Una cosa è certa: il mondo è arrivato a elevati livelli di tecnologia, e sarà proprio la tecnologia a fornirci gli strumenti per uscire da questa crisi.

A ben vedere, infatti, ogni crisi ha in sé il seme dell'innovazione. Pensa a cosa è successo dopo il fallimento di Lehman Brothers: sono nate Pinterest, Whatsapp e molto altro. Oggi la crisi legata al Covid19 ha portato con sé un'impennata della domanda per tutti quei servizi legati all'emergenza, come il settore sanitario, le piattaforme tecnologiche, la ricerca di una cura, il trattamento dei malati, il contenimento del virus, la robotica, la sicurezza informatica, il digitale e l'applicazione di sistemi che consentono alle società di continuare a essere operative.

Oltre alla cura dell'ambiente il *lockdown* ha avuto come conseguenza positiva un netto miglioramento delle condizioni climatiche e, se oggi è stato un virus a costringerci in casa, domani potrebbe essere un'emergenza climatica.

Tutto questo ha creato nuove opportunità anche per gli investitori a lungo termine che, attraverso i loro investimenti, possono giocare un ruolo importante nel salvare vite umane e sviluppare soluzioni, oltre che tutelare i propri risparmi.

Oltre a ciò, un recente studio di Reputation Institute – leader mondiale nella misurazione e gestione della reputazione aziendale- ha misurato la reputazione delle imprese durante il Covid19, segnalando le azioni messe in campo per trasformare le criticità in opportunità di rilevanza sociale.

Il punto di partenza è stato l'impatto che l'emergenza sanitaria ha avuto sui comportamenti delle aziende e sulla loro reputazione secondo i cittadini italiani.

L'analisi ha dimostrato una leadership riconosciuta a quelle aziende che si sono mosse meglio delle Istituzioni nella gestione di questa crisi senza precedenti. In poche parole le aziende che hanno dimostrato un elevato tasso di resilienza.

Molte imprese, infatti, si sono dimostrate determinanti nella definizione delle politiche per mettere in sicurezza persone e luoghi di lavoro, oltre a supportare l'emergenza con donazioni, riconversioni di produzione o mettendo a disposizione della collettività le proprie competenze: hanno fatto convergere le progettualità private e le finalità pubbliche nell'unico obiettivo di far ripartire l'economia.

Conclusioni del capitolo 1:
Tenere a mente l'obiettivo

Covid19 ha provocato una pandemia seria, ma non si tratta dell'unico focolaio visto negli ultimi decenni. Nel corso delle precedenti pandemie i mercati hanno subito forti contraccolpi, ma si sono sempre ripresi. Tanto per fare un esempio, ai tempi della Sars (Sindrome Respiratoria Acuta Grave), fino alla fine di aprile 2004, si sono registrati guadagni su titoli fino al 21%, come altri guadagni a due cifre si sono registrati anche al tempo di Ebola e Zika.

Certo ogni situazione è diversa e a sé stante, e ciò che è accaduto nel passato non si ripropone tal quale nel futuro, ma con i suoi precedenti contribuisce a creare comunque un clima di fiducia nei confronti del futuro e di chi ha le competenze per consigliare la cosa giusta da fare.

Mai come in questo momento, però, dobbiamo fare riferimento al principe degli escamotage, tenendo gli occhi fissi al traguardo per ricordarci che il tuo e il mio sacrificio verrà ripagato alla fine della corsa.

Tu ed io sappiamo che la quarantena serve a proteggere noi, i nostri cari e la comunità dalla diffusione del virus: la salute diventa il mio e il tuo obiettivo, il mio e il tuo traguardo.

Ecco sui mercati tu e io dobbiamo comportarci nella stessa maniera e non soltanto nel caso di epidemie o pandemie come Covid19: dobbiamo resistere alla tentazione di un disinvestimento di fronte alla volatilità dei mercati.

È difficile, lo so, ma più sopportabile se pensi che lo fai per poter acquistare una casa al mare o finanziare gli studi dei tuoi figli. Per farlo avrai bisogno spesso di un consulente di fiducia che ti aiuti a rimanere in carreggiata.

Capitolo 2:
Pillole di educazione finanziaria

1.2 Gli italiani sanno risparmiare ma non sanno come investire

Si sa, gli italiani sono grandi risparmiatori, investono a brevissimo termine o lasciano il denaro in conti monetari con l'idea che il futuro sia incerto, che l'imprevisto sia dietro l'angolo e che alla fine i soldi nel materasso siano la scelta più sicura. Sei d'accordo?

Nulla di più sbagliato!

Il primo errore consiste nel fare soltanto le cose che si conoscono bene. Da qui il cosiddetto *"Home Bias"*, cioè la tendenza ad allocare i risparmi nelle cose di casa nostra. Ecco spiegato come i circa 9 mila miliardi di risparmi degli italiani siano pessimamente diversificati (citare fonte), con una eccessiva prevalenza di: immobili finalizzati a reddito spesso localizzati in Italia, vicino a dove si abita; euro; titoli a tasso fisso; liquidità.

Secondo errore: privilegiare ciò che i risparmiatori sopra i 60 anni hanno apprezzato come profittevole nel passato, cioè immobili in Italia e titoli a reddito fisso.

Terzo errore, forse il più comune: evitare le scelte che sembrano pericolose significa basare tutto sulla paura di perdere. Si evitano le borse, considerate pericolose, finendo col perdere uno dei decenni più favolosi dei mercati mondiali (marzo 2009 – aprile 2019). Si preferisce insomma ciò che sta lì, immobile, costante, fermo, rassicurante.

C'è poi un quarto errore: se si valuta correttamente l'incertezza del futuro, gli investimenti vengono differenziati in modo globale, a seconda del peso mondiale e della forza delle varie economie.

Se ci si fa guidare dalla paura e dal bisogno di sicurezza si tengono molti liquidi che sostituiscono il corso corretto e molto più economico alle assicurazioni intese come prevenzione dei pericoli. Si confondono i pericoli oggettivi: non si teme ciò che è pericoloso, ma ciò che è pauroso.

Luca's tip: questi meccanismi hanno finito con l'impoverire gli italiani spesso in modo a loro ignoto. Le scelte previdenziali risentono di quella che io chiamo "La trappola del tempo" e cioè della difficoltà a prendere in considerazione un futuro ed un passato lunghi.

Orizzonti corti e risparmi concentrati e non diversificati sono la maledizione del "fai da te".

2.2 E allora che si fa?

Se questa è la realtà come si prospetta lo scenario futuro? Due sono le possibilità: si diffonde l'educazione finanziaria per il bene del risparmiatore finale; il risparmiatore finale conosce in minima parte non soltanto l'economia, ma soprattutto la sua testa e i suoi istinti in tema di risparmio e investimenti.

Diciamo subito che la prima prospettiva è piuttosto problematica, perché l'industria finanziaria nel complesso (intesa come settore tradizionale e territoriale) non ha fino a ora agevolato la trasparenza, anche se la nuova normativa Mifid2 potrebbe far cambiare lo stato delle cose.

La seconda possibilità si può realizzare soltanto con l'aiuto di consulenti preparati, evitando il più possibile di ricorrere al "fai da te".

Alex's tip: seguendo i nostri consigli e i nostri suggerimenti dalle pagine di questo libro, avrai la possibilità di orientarti meglio nel mondo del risparmio e degli investimenti, ma soprattutto capirai quanto sia importante affidarsi a professionisti seri, onesti e competenti. Soprattutto nell'ambito degli scenari che verranno a delinearsi dopo Covid19.

3.2 Ma cos'è il risparmio?

Ogni giorno i media accendono i riflettori su tematiche che fino a poco tempo fa erano terreno esclusivo di pochi esperti del mondo della finanza: mercati altalenanti, economia globale, ritorno della volatilità, il prezzo del petrolio.

Ovunque si possono leggere consigli su come e dove investire. Gira e rigira, tutto ruota intorno a un concetto particolarmente caro a noi italiani: il risparmio privato.

Come possiamo definirlo? Il risparmio è quella parte di reddito di una persona che non viene spesa per il fabbisogno quotidiano, ma viene messa da parte per esigenze future.

Non è un valore importante soltanto per il privato cittadino, ma per l'intera comunità, in quanto potenziale origine di un circolo virtuoso per l'economia, attraverso soluzioni come il credito o l'investimento in Borsa, uno dei principali indicatori dello stato di salute di un Paese.

4.2 Ciak...azioni...in borsa

La Borsa è ormai protagonista assoluta delle notizie finanziarie. Per capire come mai i mercati finanziari siano oggi così importanti, tanto da arrivare anche ad influenzare i dibattiti politici e a diventare protagonisti assoluti di serie televisive di successo, occorre fare un passo indietro e partire dal concetto più semplice: le azioni.

Ma cosa sono le azioni? Un'azione rappresenta un pezzo di una società. Quando tu compri un'azione diventi socio – azionista – di quella società, partecipi al capitale condividendo con gli altri azionisti guadagni e rischi. Ogni società può essere divisa in parti, in azioni, possedute dai soci, e il loro valore determina il valore in mano al loro proprietario.

E la Borsa? Che cos'è e come funziona? A mano a mano che si sviluppano e crescono, le società possono decidere di aprirsi ad altri investitori per raccogliere nuovi capitali che permettano loro di proseguire nel percorso di crescita.

È per questo tipo di operazioni che sono nate le Borse, un tempo luogo fisico, oggi spazio digitale in cui gli investitori comprano o vendono partecipazioni aziendali determinando il valore di quelle stesse società. Se ci sono tanti acquirenti il prezzo di quelle azioni sale, viceversa scende. E Sono questi movimenti a determinare l'andamento dei mercati finanziari.

Allora è semplice investire in borsa. Il guadagno è assicurato, penserai tu. No, perché se è vero che il guadagno c'è nel momento in cui aumenta il prezzo dell'azione, e una volta all'anno si riceve una parte degli utili attraverso lo stacco di un dividendo, è pur vero che investire in borsa comporta anche delle responsabilità, legate al fatto di poter partecipare alle decisioni in seno alle assemblee di soci.

Ecco perché un azionista deve sapere bene dove ha investito e come sta andando la società in cui ha investito: se la società va male, alla fine, le azioni non varranno più nulla e si rischia di perdere tutto il denaro.

Alex's tip: acquistare azioni in borsa è semplice. Non lo è capire quali azioni scegliere per non avere brutte sorprese. Per questo è importante rivolgersi a consulenti esperti, in grado di valutare attentamente il tipo di rischio che ci si assume anche in funzione del momento e del tipo di società.

5.2 Obbligo o verità?

Quando le società cercano capitali per crescere senza avere nuovi azionisti emettono le cosiddette obbligazioni, cioè chiedono in prestito del denaro ai risparmiatori, impegnandosi a restituirlo entro una certa data, offrendo un premio sotto forma di rendimento. Le obbligazioni possono essere a loro volta vendute ad alcuni risparmiatori o comprate da altri, prima della scadenza.

Come le azioni, anche le obbligazioni vengono scambiate in Borsa e, come le azioni, mutano di valore nel tempo, soprattutto in funzione del tasso d'interesse: quando questo sale le obbligazioni presenti sul mercato perdono valore, e viceversa.

Esistono vari tipi di obbligazioni e le differenze riguardano la durata del prestito e il tasso di interesse, ma esistono anche obbligazioni diverse tra loro in base alla sicurezza che offrono al risparmiatore.

Luca's tip: certamente le obbligazioni sono prodotti finanziari più sicuri rispetto alle azioni, ma per stare più tranquilli, prima di comprare obbligazioni, è importante capire a chi si prestano i soldi. Questo pericolo si chiama rischio di credito e può essere misurato. A questo pensano le agenzie di *rating*, che danno un giudizio sulle società che vendono obbligazioni. Ancora una volta, però, se decidi di affidarti a professionisti competenti ed esperti, riduci ulteriormente il rischio.

6.2 Questione di Stato

Spesso sono proprio gli stati a trovarsi nella condizione di dover chiedere soldi in prestito ai risparmiatori emettendo obbligazioni. Chi di voi non conosce i Bot – Buoni Ordinari del Tesoro- o i Btp – Buoni del Tesoro Pluriennali?

Come funzionano: lo Stato li vende ai risparmiatori nel corso di un'asta, in cui ognuno può partecipare attraverso i propri intermediari finanziari. Dopo l'asta, anche i titoli di Stato vengono venduti in Borsa mediante un sistema simile a quello delle obbligazioni societarie.

Che vantaggi e che rischi?

Il vantaggio più evidente è che i titoli di stato vengano venduti da un'emittente molto più grande di una qualsiasi società, e che presenti maggiori capacità di restituire quanto prestato.

I rischi sono legati principalmente alle crisi finanziarie, che possono far fallire gli Stati o quanto meno metterli in grande difficoltà. Anche qui esistono agenzie di *rating* e consulenti che ti permettono di capire se l'investimento è sicuro.

7.2 Fidati di me ovvero il risparmio gestito

La possibilità di essere affiancati nella scelta del miglior investimento per ottenere un rendimento a basso rischio viene offerta dal cosiddetto risparmio gestito: il risparmiatore affida i propri soldi a un esperto che può essere una Sim, una Sgr, o una compagnia assicurativa.

Stabilito l'obiettivo dell'investimento, l'esperto consiglierà al risparmiatore il prodotto più adatto. Vediamo insieme quali sono i principali strumenti del risparmio gestito:

- Fondi di investimento, cioè prodotti finanziari che investono in diversi tipi di titoli e funzionano come un grande salvadanaio che raccoglie i risparmi di diversi finanziatori per poi investirli;
- Polizze vita, assicurazioni pagate con quota mensile o annuale dal risparmiatore e possono prevedere un premio in caso di morte o una pensione raggiunta l'età prevista;
- Gestioni patrimoniali, prodotti costruiti ad hoc selezionando gli investimenti migliori.

Luca's tip: Il risparmio gestito semplifica, perché permette d'investire in un unico prodotto che suddivide il capitale in diversi titoli. I rischi ovviamente sono legati agli strumenti che si scelgono. Evita il "fai da te", affidati sempre ad un esperto.

8.2 Guardare lontano… previdenza e risparmio assicurativo

Ormai è un dato acquisito: le aspettative di vita nel nostro Paese sono aumentate, con inevitabili e importanti ripercussioni sul sistema pensionistico. Oggi la maggior parte dei lavoratori cerca soluzioni per bilanciare il probabile minor introito pensionistico futuro.

Gli investimenti che consentono di far fruttare i propri risparmi, ricevendo in seguito una pensione privata, rientrano appunto nella previdenza complementare. Due i principali strumenti con cui operare: le polizze vita ed i fondi pensione. Entrambe presentano vantaggi fiscali, cioè una minor tassazione.

9.2 Investimenti fai da te?

In questo capitolo abbiamo visto insieme come investire i risparmi al giorno d'oggi. Apparentemente tutto semplice no? Basta saper scegliere il prodotto giusto, capire quali sono gli obiettivi dell'investimento, stare dietro agli andamenti di borsa e mercato, sapere leggere dietro numeri, indici e acronimi, delineare in anticipo gli scenari che verranno, anche nei momenti più difficili.

Con i moderni mezzi messi a disposizione dalla tecnologia, il reperimento di informazioni è alla portata di tutti, agevolando di fatto il "fai da te". A volte è sufficiente accedere alla piattaforma *on-line* della propria banca per essere inondati di ogni genere di proposta e informazione.

A fronte di questa facilità ad accedere a molteplici forme di investimento sta però la giusta conoscenza della materia, per capire quali possano essere gli strumenti giusti in funzione degli obiettivi da raggiungere, o la misura del ritorno nel breve e medio periodo.

Questo è ancor più vero nel momento assolutamente particolare che stiamo vivendo. È sempre meglio, perciò, affidarsi a bravi intermediari finanziari che ti aiutino a capire rischi e vantaggi, e soprattutto a gestire la paura.

Alex's tip: Chissà perché nella vita c'è sempre il senno di poi a logorarci nel desiderio di voler tornare indietro nel tempo per agire diversamente. Solo che il presente si vive soltanto con le condizioni del presente, non con quelle future. Sarebbe troppo semplice, oltre che impossibile. Ciò che è sempre possibile fare è ricordare il passato per cercare di evitare l'eventuale logorio futuro. In ambito finanziario questo atteggiamento si traduce nel concetto che il panico sia soltanto un amico da comprendere bene: prima di giudicare male uno "strano amico", converrebbe sempre partire dalla visione che si ha di se stessi.

Conclusioni del capitolo 2:
Tempo e pazienza, le virtù dell'investitore retail

Nel 1988 l'investitore statunitense Charlie Ellis stabilì un'analogia tra il tennis amatoriale e il mondo degli investimenti. Se si parte dal presupposto che giocare a tennis a livello amatoriale è una delle migliori pratiche sportive, se si vogliono ottenere effetti positivi a lungo termine sulla salute, esiste un parallelismo tra il tennis amatoriale e l'approccio agli investimenti finanziari da parte di un investitore non professionale.

A livello di performance, entrambe le attività rientrano nella categoria di quelle "perdenti". Secondo l'esperto statunitense, anche se l'investitore *retail* può riuscire a mettere in pratica un colpo vincente sotto forma di *asset class* o titolo in grado di generare una performance straordinaria, è poco probabile che riesca a farlo in maniera sistematica.

Ciò accade in un mondo dove il 90% delle operazioni viene realizzato da investitori istituzionali o professionali, che possono contare su risorse nettamente superiori a quelle di cui può disporre anche il più dotato degli investitori *retail*.

La ricerca di continui colpi vincenti potrebbe presto trasformarsi in una disperata e dannosa caccia al recupero delle perdite accumulate. Quindi, secondo Ellis, l'unica operazione possibile per ottenere rendimenti positivi è commettere meno errori possibili.

Come? Principalmente in due modi: innanzitutto deve diversificare il patrimonio, poi deve mantenere un orizzonte temporale di lungo termine, senza farsi condizionare dall'emotività o da influenze che mettano in discussione quali siano i migliori momenti per entrare o uscire dai mercati.

Il tempo e la pazienza sono gli alleati più validi dell'investitore *retail* e bisogna lasciarli lavorare in pace affinché portino risultati positivi.

Capitolo 3:
Diversificare per diminuire il rischio

1.3 La prima diversificazione della storia

Già nell'antichità i Fenici, considerati commercianti imbattibili in quel tempo (siamo nel X secolo a.C.), ebbero una straordinaria idea per riuscire a trasportare le merci riducendo il rischio che non giungessero a destinazione: diversificarono i carichi.

Se avevano dieci prodotti e dieci navi per trasportarli, caricavano su ogni nave un decimo di ogni prodotto così suddiviso, praticando una primitiva, ma in ogni caso efficace, diversificazione. Due i vantaggi principali: in caso di naufragio non avrebbero perso la totalità di nessun prodotto, mentre in caso di disgrazia, come una perdita del carico, la diminuzione dell'offerta avrebbe fatto aumentare il prezzo in presenza di domanda costante.

Nel tempo, quest'idea si sarebbe poi trasformata nel detto "non mettere tutte le uova nello stesso paniere". Certamente l'esempio della consuetudine commerciale dei Fenici può essere considerato il primo caso di veicolo d'investimento collettivo della storia, una sorta di fondo comune nel quale alcuni investitori affidavano le proprie fortune ad un professionista, che decideva cosa vendere e cosa comprare per garantire a tutti un profitto.

2.3 Entrare in confidenza con il rischio

Diciamo subito che il rischio è parte imprescindibile di ogni investimento e, per questo motivo la diversificazione è la regola d'oro di ogni buona strategia. Ma cosa significa esattamente diversificare?

La diversificazione di un portafoglio titoli consiste in una riduzione della rischiosità del suo rendimento, legata alla presenza di più attività finanziarie, i cui rendimenti non sono perfettamente correlati tra loro all'interno del portafoglio.

Da qui si può capire come concentrare le tue risorse in pochi *asset* non sia mai una buona idea, ecco perché la diversificazione è fondamentale per costruire un portafoglio solido.

Facciamo un esempio pratico: il valore di un'azione, pensiamo per esempio ai titoli bancari quotati a Piazza Affari, può diminuire anche del 90% in relativamente poco tempo. Ecco perché concentrarsi su pochi titoli è molto rischioso. Diversificare significa appunto distribuire le tue risorse su numerosi strumenti e, preferibilmente, con caratteristiche diverse, così da bilanciare il rischio ed ottimizzare i profitti.

Insomma non dovrai puntare tutti i soldi a tua disposizione su un unico strumento finanziario, per quanto sicuro e conveniente possa sembrare, ma al contrario dovrai investire in titoli diversi, così se uno dovesse perdere valore sicuramente così non sarà lo stesso per gli altri.

Detto questo, l'investimento sicuro al 100% non fa parte della realtà. Investire, infatti, potrebbe essere sinonimo di rischiare: più alto è il rischio maggiore è la possibilità di guadagnare, mentre più il nostro guadagno sarà basso più saremo sicuri di recuperare i nostri soldi.

Alex's tip: partendo dal presupposto che non esiste una regola certa che ci dica come suddividere i nostri investimenti per avere il miglior portafoglio possibile, occorre capire se si vuole rischiare e quanto, suddividere poi i risparmi in percentuale in una serie diversificata di investimenti.

3.3 La diversificazione in concreto

Abbiamo visto cosa significa diversificare. Ora cerchiamo di capire insieme in cosa si traduce nel concreto sul mercato. Nel capitolo precedente abbiamo visto insieme le più comuni forme di investimento che certamente, con i loro pro ed i loro contro, possono entrare a far parte di un portafoglio diversificato. Ora vedremo i cosiddetti investimenti alternativi.

Non è tutt'oro quello che luccica

Nell'immaginario collettivo l'oro è senza dubbio da sempre sinonimo di ricchezza e di soldi messi al sicuro. Raro e malleabile, è diventato subito oggetto prezioso e acquistare oro è forse una delle più antiche forme di investimento.

Da sempre è considerato un ottimo bene rifugio: universalmente riconosciuto e scambiato, si contraddistingue per un valore che rimane costante nel tempo e che non conosce crisi di mercato, recessioni o inflazioni.

È possibile investire in lingotti, monete e oro finanziario. Quest'ultimo funziona come un qualunque conto in valuta e si basa a sua volta su una serie di strumenti finanziari tra cui spiccano, in particolare, gli Etf (Exchange Trading Fund), le opzioni e i *futures*.

Impara l'arte e mettila da parte
L'Arte Moderna è considerata l'investimento di lunghissimo periodo per eccellenza, un bene rifugio in grado di acquisire valore nel tempo e che non teme crisi economiche o politiche: un bel quadro oggi è ancor più bello domani, e potrebbe acquisire ancora maggior valore in futuro. Ovviamente si rende necessario assicurarlo da danni e furti.

Alex's tip: non occorre essere milionari per acquistare quadri di Arte Moderna, occorre però essere appassionati, bisogna conoscere gli artisti e le loro quotazioni. Anche in questo caso avere accanto un consulente esperto in materia fa decisamente la differenza.

Investimento al volante pericolo costante?

Investire in auto d'epoca è una delle ultime novità di questi anni ed è uno dei modi più sfiziosi e sicuramente divertenti per diversificare il proprio portafoglio titoli e mettere a reddito i propri capitali. È possibile fare buoni affari comprando auto vecchie da restaurare, sistemare, portare alle mostre e ai raduni, per poi venderle ad un prezzo maggiore rispetto a quello d'acquisto.

Un diamante è per sempre

Diciamo subito che investire in diamanti non è per tutti. Stiamo parlando del prezioso più prezioso di tutti: sarebbe possibile tenere in una sola mano un valore pari anche a venti milioni di euro, cosa che evidentemente non posso fare con il denaro. In caso di guerra, calamità, gravi crisi politiche o civili, il diamante sarebbe facilmente trasportabile ed occultabile: non ha odore e pochi grammi possono davvero valere una fortuna.

Conclusioni del capitolo 3:
Chi trova un consulente fidato trova un tesoro?

La diversificazione degli investimenti può sembrare facile: un po'
di questo, un po' di quello e il gioco è fatto. Niente di più sbagliato.
Per scegliere bisogna conoscere, essere aggiornati, stare sul pezzo.

Qui entra in gioco il lavoro del consulente finanziario: un mestiere
complesso, fatto di competenze tecniche – importantissime – e di
competenze "soft" – imprescindibili.

Deve essere in grado di comprendere i propri clienti e le loro
necessità, finendo con il diventare molto più che il semplice gestore
dei loro patrimoni. Deve anche essere psicologo, allenatore, amico
e medico, a seconda delle occasioni e dell'andamento dei mercati.

Se da una parte la mole di informazioni a disposizione di tutti
potrebbe portare ad un'agevolazione del "fai da te", dall'altra il
consulente finanziario si trova a dover superare uno degli ostacoli
più difficili: la riluttanza all'investimento.

Perché? Perché per alcune persone la decisione di separarsi dai propri risparmi è sempre sofferta. L'attuale pandemia di Covid19, guerre e calamità naturali, conflitti economici e instabilità politica contribuiscono a creare un'ulteriore influenza psicologica negativa per gli investitori. Ecco spiegato come alcuni decidano di evitare del tutto i rischi riconducibili agli investimenti e scelgano di non investire mai.

Eppure una ricerca effettuata da una importante società di investimento internazionale dimostra che non aver investito nei mercati azionari negli ultimi 30 anni potrebbe essersi rivelata una scelta infelice, perché gli effetti negativi di inflazione e tassi d'interesse ai minimi storici hanno eroso il valore del denaro tenuto sotto il materasso o fermo sul conto corrente.

La verità è che non esiste un momento perfetto per investire, o meglio il momento perfetto per investire è ora e sempre, soprattutto se ci si affida a consulenti seri e preparati, in grado di affiancare il cliente in ogni passo e in ogni momento.

Capitolo 4:
Investire dando fiducia alle piccole imprese

1.4 O la Borsa…o l'economia reale!

In questo capitolo cercheremo di capire cosa significhi investire nell'economia reale senza passare dalla borsa, dove le quotazioni dei titoli possono essere influenzate da molte variabili che poco hanno a che fare con il reale stato di salute delle aziende quotate.

Vedremo insieme cosa si guadagna, ma anche cosa si rischia a investire nell'economia reale, a partire dal semplice fatto che gli investimenti non sono liquidi e quindi non si può disinvestire quando lo si desidera.

Nell'ottica della diversificazione, investire in economia reale significa mettere al centro il valore delle imprese e avere un approccio alternativo per la pianificazione dei propri investimenti. Questa scelta consente anche di supportare lo sviluppo delle imprese italiane.

Basti pensare che a fronte di 300 mila aziende operanti in Italia soltanto 340 sono quotate in borsa, e soprattutto ci sono ben 140 mila piccole e medie imprese che rappresentano la spina dorsale dell'economia italiana.

Le opportunità in Italia sono numerose e rientrano tutte in uno schema *"win win"* per tutti: queste nuove forme d'investimento contribuiscono al rilancio del sistema Paese Italia e offrono nuove alternative sia ai risparmiatori che alle aziende, allontanandosi dal credito bancario.

Alex's tip: Quello dell'economia reale è un mondo che fino a poco tempo fa era terreno esclusivo di investitori istituzionali e professionali. Con queste informazioni basiche mi auguro di rendere il risparmiatore privato più consapevole e di suscitare in lui la giusta motivazione per investire nelle aziende, ferma restando l'importanza di avere al proprio fianco un consulente esperto e preparato.

2.4 Ma quanto rende investire nell'economia reale?

Partiamo dal concetto che certamente investire in economia reale offre rendimenti più interessanti e al riparo dai chiari di luna borsistici. Certo sono investimenti che richiedono pazienza, perché non consentono rapidi acquisti e rivendite, e richiedono impegno di anni ma possiamo dire che il gioco vale la candela, lo dicono i numeri.

A metà 2018 i fondi di *private capital* avevano quasi 2.100 miliardi di dollari di capitali, pronti da investire secondo Prequin, società britannica che di mestiere mappa l'attività dei fondi di investimento alternativi a livello globale, cioè i fondi che investono in economia reale.

Beh sono un mucchio di soldi! Una gran quantità di denaro che cresce di anno in anno e che si è quasi triplicata nel corso di un decennio. (inserire le tabelle di pagg 45 e 46 del libro l'Arte di fare impresa).

Sempre secondo Prequin le attività in gestione ai fondi di *private equity,* nel periodo 2017-2023, passeranno da 3.100 miliardi a

4.900 miliardi (+58%), quelle in gestione ai fondi di real in estate aumenteranno del 50%, arrivando a quota 1200 miliardi, quelle in gestione in *hedge fund* saliranno solo da 3.600 miliardi a 4.700 (+ 31%) mentre gli *asset* in gestione dei fondi di *private debt* e di infrastrutture raddoppieranno arrivando a 1400 miliardi e 1000 miliardi.

Ma come misuro in soldoni il rendimento? Per il mondo non quotato la performance è quella individuata da Irr (Internal Rate of Return), cioè a dire il rendimento percentuale annuo dell'investimento al netto o al lordo delle commissioni, che però va letto insieme ai capitali redistribuiti dal fondo agli investitori in termini di multipli del capitale investito.

Se oggi, quindi, compro a 10 e tra un anno rivendo a 20, incasso 2 volte il capitale investito e ottengo un Irr del 100% in un anno. Viceversa se compro oggi a 10 e rivendo a 20 tra 5 anni, ho sempre un multiplo di 2 volte il capitale, ma per incassare quel denaro ho impiegato 5 anni, quindi ho avuto un Irr di circa il 20% all'anno.

Luca's tip: Una cosa è certa, l'investimento in *private capital* deve avere un'ottica di lungo periodo. Di solito il ciclo di vita di un fondo di questo tipo è di 10 anni, di cui i primi 5 impiegati per investire e gli altri 5 per disinvestire. In media, in quest'ottica, il *private capital* (la linea blu del grafico di Prequin) batte gli investimenti azionari quotati con rendimenti medi di oltre il 10% all'anno in un'ottica di 10 anni, contro quelli portati a casa dall'indice a stelle e strisce S&P500 (la linea arancione) e da quello tecnologico USA Russel 2000 entrambe poco sotto il 10%.

A ben guardare ~~ben~~ al di sopra dei rendimenti degli indici Msci Europe e Msci Emerging Markets collocati intorno al 2.5% annuo. Certo è la media del pollo…resta sempre il fatto che i bravi gestori sono in grado di distaccare i mediocri di anni luce: investitori avvisati.

3.4 Ma quando investire in economia reale?

Pensiamo di paragonare l'impresa a un individuo: proprio come una persona anche l'azienda ha una sorta di ciclo di vita. Diciamo quindi che nei primi anni il bambino per crescere bene ha bisogno di un quantitativo di cibo e di cure adatte alla sua età, a differenza ad esempio di un giovane che invece ha bisogno di un diverso apporto energetico, perché il suo metabolismo consuma in quantità elevate. Un adulto, invece, avrà necessità ancora diverse.

Allo stesso modo ci sono investitori che affiancano l'impresa quando è poco più di un'idea, e poi ci sono quelli che l'accompagnano in una fase di crescita e cambiamento, o ancora quelli che l'aiutano nei momenti difficili.

Per ogni periodo di vita dell'azienda esistono diverse tipologie d'investimento, che a loro volta determinano diverse modalità di entrata in circolo del denaro garantito, che a sua volta si trasforma in valore per l'impresa.

3.4 a) Fase di avvio

In questa fase entra in campo il cosiddetto capitale di semina, cioè il capitale necessario per sostenere l'idea imprenditoriale. Immediatamente dopo, quando l'imprenditore ha qualcosa di più in mano, subentrano i Business Angel, manager o imprenditori che amano investire in progetti di nuovi business, mettendo in campo anche la loro esperienza oltre che denaro fresco.

Lo fanno da soli o organizzati in network; i principali *network* di angeli italiani sono Italian Angels for Growth (Iag) e Iban (Italian Business Angel Network).

Altro canale efficiente in tal senso è quello delle piattaforme di *equity crowdfunding*. Le imprese in questa fase devono prospettare un *business plan* economico-finanziario in un orizzonte di almeno 3-5 anni.

3.4 b) Fase di sviluppo

Quando arrivano i primi risultati è il momento dei fondi di *venture capital*, che forniscono il capitale finanziario necessario agli stadi iniziali per le imprese a forte crescita. Di base, i fondi di *venture capital* seguono le logiche di quelli di *private equity*, con la differenza che gli investimenti sono molto più rischiosi perché la mortalità delle aziende sulle quali scommettono gli investitori è pur sempre elevata.

Il successo del fondo viene garantito laddove uno o due investimenti su dieci fanno registrare guadagni del 200% almeno rispetto al capitale investito. Si registreranno ovviamente rendimenti maggiori sulle aziende con un tasso di crescita elevato.

Le imprese così finanziate solitamente sono in grado di sviluppare una qualche tecnologia in grado di stravolgere gli schemi di business tradizionale, a maggior ragione se possono reagire in modo flessibile e resiliente di fronte a situazioni inaspettate come la pandemia da Covid19.

Di base, lo sviluppo tecnologico costa e affinché l'investimento sia remunerato, la tecnologia deve diventare uno standard su base globale. Quindi ci vogliono più giri che ogni volta valutino maggiormente la società in questione: gli utenti crescono e la tecnologia si evolve. Tutto questo potrebbe arrivare in borsa oppure un soggetto industriale potrebbe decidere di comprarsi l'ex start up.

3.4 c) Fase di espansione

Ad un certo punto della sua evoluzione, l'imprenditore di una piccola e media impresa arriva a domandarsi se ciò di cui ha bisogno è un nuovo apporto di capitale, oppure se può percorrere altre strade.

Per esempio, il reperimento di denaro su piattaforme web che intermediano prestiti a medio-lungo termine, le cosiddette piattaforme di P2P (Peer to Peer) lending, o anche il finanziamento attraverso la cessione delle fatture commerciali su una piattaforma web dove vengono intermediate le fatture, le cosiddette piattaforme di "*invoice financing*".

Un'ulteriore alternativa è data dalla emissione di *mini-bond*. Fermo restando che l'obiettivo finale resta lo stesso indipendentemente dalle strade percorse, cioè il finanziamento della piccola e media impresa.

Mentre prima l'unico interlocutore possibile era la banca, oggi esistono piattaforme *fintech* che consentono anche ai privati di investire nell'intermediazione di fatture commerciali attraverso investimenti a brevissimo termine (30/90 giorni) a tassi intorno all'1%-1,2% per 90 giorni.

3.4 d) Fase matura

Per offrire alle aziende mature ulteriori occasioni di sviluppo e visibilità anche a livello internazionale sono stati creati fondi d'investimento chiusi, che raccolgono denaro da investitori istituzionali e professionali. Questi fondi investono sia in pmi italiane eccellenti in fase di pre-ipo, che in azioni di Spac che in obbligazioni emesse da pre-*booking* company. Questo tipo di investimento solitamente genera una crescita del valore iniziale con un forte margine di rendimento.

Nel contempo ciò spesso consente di portare all'interno dell'azienda una nuova spinta manageriale, focalizzata alla messa a punto del controllo di gestione, del controllo dei flussi o dell'internazionalizzazione della comunicazione per elevarla al livello delle società quotate in borsa, mirando ad ottenere un *rating* di livello top.

Conclusioni del capitolo 4:
Perché investire nell'economia reale?

Investire nell'economia reale parte da un presupposto fondamentale: l'investimento è completamente sganciato dagli andamenti dei mercati finanziari quotati tradizionali, perché non è da questi ultimi che dipende la crescita reale delle imprese oggetto dell'investimento.

Al contrario, è piuttosto difficile affermare che l'occupazione in Italia aumenti quando la borsa sale. Ecco perché anche i privati e i risparmiatori *retail* dovrebbero davvero cominciare a considerare questo universo d'investimenti come un'opportunità importante per diversificare in modo più efficiente. Al tempo stesso, così facendo, potrebbero spingere al successo le aziende in cui hanno investito.

Laddove le aziende siano già di successo, l'obiettivo dell'investitore diventa quello di mettere queste imprese nella condizione di fare un ulteriore salto, per essere ancora più grandi e dominare il mercato, in poche parole aziende leader a livello *global*.

Detto questo, risulta facile capire quanto possa essere importante la valutazione dell'impresa "in carne e ossa", non soltanto attraverso la lettura dei bilanci, e nel contesto del suo effettivo mercato reale, ricomprendendo nella valutazione anche il suo reale modello di business, unitamente alla capacità dell'imprenditore/dei manager di far crescere l'attività ed il proprio mercato.

Tutto questo con lo scopo di:
- Aumentare la capacità del proprio portafoglio ed ottenere migliori ritorni nel tempo;
- Diversificare i propri investimenti in modo più efficace scorredandone una parte dall'andamento dei mercati finanziari;
- Partecipare direttamente alla creazione di valore per il tessuto economico e per l'economia reale del proprio paese.

È poi un dato di fatto che nel lungo periodo i rendimenti di fondi che investono in economia reale battano gli investimenti in titoli quotati.

Affiancati da consulenti preparati, sempre sul pezzo, si possono avere performance anche doppie rispetto alla media. Se è vero, infatti, che l'investimento in un prodotto di *private capital* strutturato ad hoc per un investitore *retail* permette una diversificazione adeguata e un conseguente contenimento del fattore rischio, è altrettanto vero che il "fai da te" nel settore dei *private asset* può essere molto rischioso per un risparmiatore che voglia investire direttamente in economia reale.

Qui entra in campo la capacità effettiva di diversificare un portafoglio, capacità che non si può certo improvvisare. Ancora una volta, e a maggior ragione nel periodo assolutamente particolare che stiamo vivendo, è fondamentale affidarsi a professionisti del settore che abbiano nel loro DNA questa ed altre skills.

Capitolo 5:
Tutto sui fondi di investimento

1.5 I fondi ed i loro gestori, una panoramica

Intanto sfatiamo subito un mito: i fondi perfetti, quelli che non ti fanno mai perdere e soltanto guadagnare, non esistono. Deluso? Non devi, perché d'altro canto esistono ottimi gestori di fondi e altrettanto ottimi consulenti finanziari in grado di guidarti nel giusto modo. Vediamo di capire insieme come.

Intanto chi è il gestore del fondo e come lavora? È un professionista che investe il denaro affidatogli dal cliente come se fosse tutta la liquidità posseduta da quel cliente, e tenendo sempre ben presente che questo denaro potrebbe essere richiamato, in parte o totalmente, in qualunque momento.

E con quali obiettivi? Se investendo in Buoni del Tesoro quinquennali un investitore otterrebbe il 2% annuo, il nostro gestore dovrebbe essere in grado di restituirci, nello stesso arco di tempo, un risultato almeno di cento-duecento punti base annui superiore.

Di fatto, ed è l'esperienza che lo dice, un buon gestore ha circa il 75% dei risultati positivi su un arco di 60 mesi, uno ottimo arriva all'80%, mentre tra quelli che superano il 90% sono stati scoperti titoli gestiti di carattere illiquido, manipolabile o non correttamente valutati.

Quattro le definizioni principali dei cosiddetti fund manager:
1) Long/short Equity Relative Value;
2) Macro/Global Tactical Asset Allocation;
3) Quantitative;
4) Fixed Income Relative Value.

L'obiettivo è quello di comporre il quintetto base, per parlare in termini cestistici, sufficientemente equilibrato e ben strutturato sia in attacco che in difesa, in grado di affrontare qualsiasi tipo di avversario, cioè il mercato in tutte le sue evoluzioni.

I gestori Long/Short

Sono gestori che acquistano azioni che ritengono sottovalutate e vendono quelle che ritengono sopravvalutate. Con il recepimento della norma Ucits III anche i gestori dei fondi tradizionali hanno avuto accesso al mondo degli short con contratti detti Cfd (Contract For Difference) che consentono di fare *trading* in modo flessibile sui movimenti di prezzo di qualsiasi sottostante, senza averne il possesso. Sono quindi potenzialmente in grado di guadagnare in tutte le situazioni di mercato, se la loro scelta si sarà rivelata esatta.

I gestori Macro

L'approccio è simile a quello del *proprietary trading* delle banche d'affari, cioè comprare e vendere qualunque cosa - azioni, obbligazioni, valute, future, opzioni, derivati, commodity – purché alla fine ci sia un utile. Un esempio noto a tutti è quello dello *spread*.

Il gap tra il Bund tedesco e i vari governi periferici in alcuni casi è passato da cinquanta a cinquecento e poi ancora a cinquanta. Chi ha puntato su questo movimento, comprando Bund tedeschi e vendendo BTP italiani attraverso contratti future, ha fatto fare un sacco di soldi ai propri clienti. Gestori o consulenti così devono essere molto preparati ed avere nervi ben saldi e sangue freddo.

I gestori quantitativi

Il fiorire di questa particolare branca della ricerca finanziaria nacque di pari passo con lo sviluppo e l'accessibilità dei personal computer, nonché della scoperta dei chip al silicio. Oggi con un qualunque pc da 500 euro posso ottenere in un secondo il portafoglio più efficiente, calcolato sulle performance passate di migliaia di titoli.

Attenzione, questo non significa affatto che chiunque potrebbe gestire "matematicamente" il proprio denaro semplicemente acquistando un programma di gestione.

I prezzi dei titoli si muovono in base alla domanda e all'offerta. Esistono parametri oggettivi, come il prezzo/utile di un'azienda, il rapporto debito/Pil di uno stato o l'evoluzione futura degli stessi, e parametri meno oggettivi, più legati al momentum, che cercano di fornire una spiegazione logica a questi movimenti.

Il gestore matematico cerca di inserire in un'unica matrice di elaborazione una serie di dati passati provenienti dal mercato, per creare un algoritmo in grado di individuare e soprattutto anticipare i movimenti futuri.

Poi, però, arriva l'effetto farfalla, la teoria secondo cui un battito d'ali ad Hong Kong può spostare un tornado che invece di arrivare in Florida, come previsto, si abbatte sui Caraibi, cioè a dire che i calcoli statistici e matematici falliscono a causa dell'imponderabile. Fermo restando che in linea di massima ciò che si è verificato nel passato tende a ripetersi.

I gestori Fixed Income

Questa è forse la strategia più presente nei portafogli degli investitori. I gestori di questi fondi sono solitamente bravissimi analisti di credito e riescono a capire se quell'azienda o quello stato sarà in grado di ripagare il proprio debito, fino a che livello sarà considerato sostenibile, quando saranno costretti a ristrutturare e via di questo passo.

Cose che possono sembrare banali ma non lo sono assolutamente: devono conoscere tutto del passato, sanno chi ha defaultato, come e perché e quanto ha ripagato; devono conoscere i comportamenti dei governi dei vari stati, delle varie popolazioni, tutte informazioni utilissime per evitare di acquistare un titolo piuttosto che un altro; devono poi essere in grado di anticipare, a seconda della congiuntura, che quando i tassi d'interesse scenderanno in un paese saliranno in un altro.

Alex's tip: a questo punto penserai che per costruire il miglior portafoglio diversificato potrebbe essere sufficiente avere un computer e comprarti un medio programma di gestione su base matematica. Niente di più sbagliato. I bravi gestori e i bravi consulenti possono e fanno la differenza perché sanno fare bene il proprio mestiere. Sanno esattamente come si possono individuare i migliori titoli, come inserirli in portafoglio e sanno monitorarli. E se la logica ti suggerisce di chiedere consiglio al farmacista per acquistare delle medicine, non vedo perché non dovresti avvalerti di un bravo consulente in ambito finanziario.

2.5 Il quintetto base, ovvero come assemblare il portafoglio di fondi

Alla fine dell'allenamento il coach chiama a raccolta tutti i giocatori in mezzo al campo e fa le convocazioni per la partita di pallacanestro del giorno dopo: i primi cinque nomi sono quelli dei titolari, i giocatori che costituiscono il cosiddetto "quintetto base".

Come arrivare a definire una *asset allocation* che possa essere paragonata al quintetto base del basket o alla formazione della squadra di calcio del cuore? Intanto prevedendo tutte e quattro le modalità indicate precedentemente: Fixed income arbitrage, Quantitative, Long/short Equity, Macro GTTA.

Il modus operandi più corretto dovrebbe partire da un colloquio con i gestori Macro, che hanno una visione più precisa relativamente all'analisi del ciclo, per avere un'idea di quale tipo di mercato si potrebbe delineare nei mesi a venire. Si passa poi alla valutazione dei comportamenti dei vari tipi di gestione nei differenti scenari di mercato, una sorta di studio delle squadre avversarie per rimanere nel gergo sportivo.

Per arrivare ad assegnare un peso maggiore a quelli che si ritiene possano essere più adatti domani, senza focalizzarsi su ciò che hanno fatto ieri.

Ovviamente è molto più semplice conseguire ottimi risultati quando il mercato va in distorsione e si creano grandi opportunità di arbitraggio, che non quando le cose sono regolari. Sono comunque da evitare i fondi che investono in obbligazioni a tasso fisso e a lunga durata, questo perché qualora i tassi d'interesse dovessero risalire a livelli "normali" del 4-5%, le perdite nell'immediato potrebbero essere pesanti. Ecco perché è preferibile affidarsi a gestori dinamici che possono fare relative value, cioè a dire individuare un titolo che scenderà meno di un altro.

La parola chiave in tutto questo è e resta decorrelazione, cioè cercare fondi che abbiano rendimenti il più possibile indipendenti gli uni dagli altri.

Come strutturare un portafoglio così? Prima di tutto occorre prendere le serie storiche mensili dei gestori che si vogliono introdurre in portafoglio, inserirle in una matrice e utilizzare una formula matematica che sarà in grado di dirci se i numeri generati in passato siano frutto di strategie simili tra loro, oppure se siano correttamente diversificati. Questo per evitare che la nostra squadra, il nostro quintetto base, giochi tutto in attacco tralasciando la difesa, o difenda soltanto senza mai andare a canestro.

Esistono anche formule matematiche evolute, gli algoritmi di ottimizzazione, che analizzano in modalità attiva le serie storiche assegnando, tra l'altro, maggiore importanza a quelle più recenti piuttosto che in differenti condizioni di mercato, e che quindi riescono a simulare meglio i comportamenti dei gestori in scenari futuri o quanto meno ipotizzabili.

L'obiettivo resta sempre quello di cercare di minimizzare il rischio oppure di massimizzare il rendimento a parità di rischio, come se dovessimo acquistare un'automobile con il minor consumo a parità di velocità o anche che, ad una determinata velocità, consumi meno delle altre.

Un altro falso mito è la volatilità del singolo prodotto. A volte si tende ad eliminare a priori una Sicav perché ha avuto un andamento volatile nel passato, senza verificare i contesti in cui siano avvenuti tali movimenti rispetto alle altre singole componenti del nostro portafoglio. Questo per dire che può darsi che una serie storica ballerina abbinata ad un'altra serie ballerina mi consenta di avere un composto più efficiente per rischio/rendimento rispetto a due stili molto simili e meno volatili singolarmente.

Conclusioni del capitolo 5

Ancora una volta ci vuole consapevolezza di cosa stiamo acquistando, e conoscenza delle differenze e delle complementarità dei vari gestori nel loro approccio al mercato. L'analisi iniziale è e resta fondamentale, ma bisogna continuare a restare in contatto coi gestori, leggere le loro interviste insieme ai commenti periodici sulle riviste specializzate. In alternativa, bisogna farsi affiancare da un bravo consulente che farà tutto questo per te, che si occuperà di analizzare le differenze tra i vari titoli azionari all'interno dei listini, scegliendo i vincenti, anziché i perdenti, e che sia in grado di andare corto di duration – ovvero poter guadagnare qualora i tassi dovessero risalire -anziché scommettere sui differenziali di tasso tra un emittente e l'altro, relazionandoti periodicamente.

Capitolo 6

Investire consapevolmente e in modo sostenibile

1.6 L'approccio ESG

L'acronimo ESG sta per Environmental, Social, Governance e si utilizza in ambito economico/finanziario per indicare tutte le attività legate all'investimento responsabile, che cioè perseguono gli obiettivi tipici della gestione finanziaria, tenendo però in debita considerazione aspetti di natura ambientale, sociale e di governance.

Sul mondo dell'ESG insistono principalmente tre categorie di fattori che s'intersecano tra loro:

- Fattori ambientali: relativi all'interazione di un'azienda con l'ambiente, il cambiamento climatico, l'inquinamento, la scarsità d'acqua, l'uso del suolo.

- Fattori sociali: relativi all'impatto di un'azienda sulla società e sulla comunità, le condizioni di lavoro, salute e sicurezza, i diritti umani.

- Governance: fattori relativi al governo di un'azienda, le retribuzioni dei vertici aziendali, l'indipendenza dei consigli d'amministrazione, i diritti degli azionisti.

Ma perché è importante investire in ESG?

Focalizzare la propria attenzione esclusivamente sui rendimenti finanziari e i fondamentali di un determinato settore è diventato un esercizio riduttivo, e gli investitori nel campo del risparmio gestito, anche in Italia, prestano sempre maggior attenzione ai fattori ESG.

Favorita anche dalla spinta dei millennials, Greta Thumberg in testa, la crescita della domanda è inarrestabile e la gamma di prodotti offerti sempre più ampia, anche guardando all'asset class obbligazionaria.

Il concetto di investimento sostenibile non è nuovo, le sue radici affondano nel pensiero dell'economista Milton Friedman che quasi 50 anni fa, per primo, parlò della responsabilità anche sociale delle aziende oltre al profitto. I cambiamenti climatici dell'ultimo periodo e l'ampliamento delle possibilità di comunicazione hanno accresciuto la sensibilità generale al concetto di rischio, e da qui la crescita in ambito di *social responsability*.

È chiaro a questo punto come possa essere facile definire i singoli elementi E, S e G, ma a ben vedere il termine "ESG" nel suo insieme può essere interpretato in modo differente e da diversi punti di vista, in quanto il tuo obiettivo può essere totalmente diverso da quello di un altro investitore.

Di fatto, non esiste un investimento giusto o sbagliato, ciò che conta è riuscire a distinguere tra le strategie che integrano i criteri ESG e quelle che non lo fanno.

2.6 Gli investimenti sostenibili

Nel 2015 l'Assemblea Generale delle Nazioni Unite ha approvato l'Agenda 2030 e ha definito gli Obiettivi di Sviluppo Sostenibile (SDGs). Per capire la portata del cambiamento insito nell'Agenda 2030 c'è da dire che in un'epoca non lontana la sostenibilità era tutt'altro che un valore per gli investimenti.

C'era addirittura l'idea che fosse penalizzante, in quanto "investire sostenibile" significava aspettarsi ritorni ridotti. Ora non è più così: la sostenibilità è diventato un parametro per orientare la propria strategia di medio e lungo termine, e lo sarà sempre più in futuro.

La sfida del cambiamento climatico, infatti, rappresenta il più grande problema del nostro tempo, ma contemporaneamente è anche una straordinaria opportunità di sviluppo. Non è per carenza di petrolio che finirà l'era del petrolio, ma piuttosto perché esistono alternative migliori. Anche se questo non significa che la crescita del contributo delle energie alternative sia da dare per scontata, in quanto occorrono investimenti enormi per sviluppare tecnologie sempre più efficienti, ma anche per sostituire il sistema infrastrutturale attuale.

Del resto, tutti i cambiamenti di portata storica hanno causato l'estinzione di interi settori prima dominanti, sostituiti da altri che si sono rivelati più efficienti. La rapidità con cui avvengono questi cambiamenti è determinante per consentire all'economia e alla società di adeguarsi alle nuove necessità, sia dal punto di vista degli apparati fisici che degli elementi immateriali, quali modelli di consumo e fruizione di beni e servizi, sistemi educativi e via di questo passo.

La trasformazione non potrà essere sostenuta soltanto dai governi, ma anche dagli investitori privati che si troveranno davanti a una scelta cruciale: trovarsi coinvolti in settori inevitabilmente destinati al declino oppure posizionarsi su quelli emergenti.

3.6 Perché scegliere d'investire responsabilmente?

Ogni decisione d'investimento genera conseguenze. Conseguenze per i lavoratori, per l'ambiente e non ultimo per le generazioni future. La consapevolezza in questo senso sta crescendo e, con essa, la varietà delle soluzioni d'investimento incentrate sulla sostenibilità, sulla giustizia sociale e sulla governance responsabile delle imprese.

I grandi cambiamenti strutturali nelle principali aree della demografia, della società, della tecnologia e dell'ambiente stanno trasformando il mondo intorno a noi. Questi temi sono potenti e la loro forza cambierà il mio e il tuo modo di vivere. Saranno *driver* chiave della futura crescita economica.

Comprendere come questi trend di lungo periodo si manifestino nei mercati azionari globali offre basi solide per una strategia d'investimento che guardi oltre le aziende individuali e i fattori economici ciclici di breve termine. Questi trend sono ampiamente collegati attraverso una serie di criteri comuni con i relativi potenziali benefici di investimento che offrono un profilo di crescita difensivo.

La sempre più ampia comprensione di questi trend ha portato alla diffusione a macchia d'olio degli investimenti responsabili. La domanda di strategie in grado d'integrare sempre più i fattori ESG nel processo d'investimento, viene alimentata dalla maggiore pressione normativa, dai cambiamenti demografici e dal desiderio degli stessi investitori di allineare i propri investimenti ai propri valori, e alla possibilità di ottenere performance migliori in rapporto al rischio.

Da una parte abbiamo dunque gestori che dimostrano una maggiore sensibilità nei confronti delle società e dei settori in cui investono i propri fondi: vogliono assicurarsi sin da subito che siano escluse aree controverse, come ad esempio tabacco ed armi non convenzionali.

Gli investitori, dal canto loro, stanno mutando il proprio ordine di valori, optando per portafogli basati su soluzioni d'investimento sostenibili. In pratica intendono sostenere società che abbiano adottato e continuino ad adottare misure positive in termini di miglioramento dei fattori ESG, e che le rendano più responsabili nei confronti delle generazioni a venire.

Nel lungo periodo, investire in società trasparenti e rispettose dei fattori ESG può contribuire a ridurre l'incidenza del rischio, in quanto una maggior trasparenza aiuta senza dubbio ad identificare opportunità e rischi in precedenza nascosti.

4.6 Come si scelgono i titoli responsability oriented?
L'investimento che incorpora fattori ESG, a volte definito investimento verde, non è o bianco o nero.
Sino a qualche tempo fa, chi desiderava esprimere i propri valori etici solitamente investiva in fondi che escludevano società

coinvolte in pratiche inaccettabili. Le troppe esclusioni, però, si traducevano alla fine in performance deludenti e volatilità elevata.

Col passare del tempo, il segmento si è evoluto e la domanda è cresciuta, cosa che ha messo gli investitori nella condizione di poter scegliere tra svariate strategie legate ai fattori ESG.

Come si scelgono i titoli maggiormente responsabili?
Attraverso lo screening positivo. Vediamo insieme in cosa consiste e come si attua:

Diciamo subito che principalmente consiste nell'inclusione attiva nel portafoglio d'investimento di titoli selezionati all'interno di un universo investibile, delimitato sulla base di una serie di criteri sociali o ambientali dei prodotti e/o dei processi attuati dalle imprese emittenti.

Esistono diverse strategie di investimento che integrano criteri di sostenibilità, trasversali rispetto agli *asset class* e non auto-escludenti. Ogni strategia si distingue per obiettivi specifici e metodologie. Queste le più diffuse nel mercato italiano

Esclusioni

Approccio che prevede l'esclusione esplicita di singoli emittenti o settori o Paesi dall'universo investibile, sulla base di determinati principi e valori; tra i criteri più utilizzati le armi, la pornografia, il tabacco, i test sugli animali.

Convenzioni internazionali

Qui la selezione degli investimenti si basa sul rispetto di norme e standard internazionali, quelli più utilizzati sono quelli definiti in sede Ocse, Onu o dalle Agenzie Onu quali Ilo, Unep, Unicef, Unhcr, come ad esempio il Global Compact, le Linee Guida dell'Ocse sulle multinazionali, le Convenzioni dell'Organizzazione Internazionale del Lavoro.

Best in Class

Questo approccio seleziona le imprese che si posizionano in testa al gruppo di appartenenza in termini di performance ambientale e sociale. Per farti un esempio, mentre è possibile prendere in considerazione tutte le aziende del settore idrico, per un portafoglio di investimento a screening positivo inteso in senso generico, l'approccio Best in Class sceglierebbe soltanto le migliori aziende di quel gruppo.

Un ulteriore affinamento della selezione si può operare tramite una ponderazione finanziaria che integri nel processo decisionale anche i fattori finanziari, oltre a quelli sociali ed ambientali.

L'approccio Best in Class può a sua volta articolarsi in Best in Sector, che permette di individuare i candidati migliori in un particolare settore economico; Best in Universe che si rivolge ad un universo d'investimento globale e prende in considerazione soltanto le imprese che ottengono la miglior valutazione; e ancora Best in Effort o Best in Progress, che prevedono che il portafoglio si rivolga alle imprese che hanno effettuato gli sforzi più rilevanti, tenendo conto dell'impulso positivo e della rapidità di diffusione delle migliori pratiche. Potrebbero anche essere valorizzate le imprese che abbiano ottenuto i risultati migliori in uno specifico momento.

Investimenti tematici

Questo è un approccio che seleziona gli emittenti in portafoglio secondo criteri ambientali, sociali e di governance, focalizzandosi su uno o più temi, come ad esempio i cambiamenti climatici, l'efficienza energetica, la salute.

Engagement

Questa attività si sostanzia nel dialogo con l'impresa su questioni di sostenibilità e nell'esercizio dei diritti di voto connessi alla partecipazione al capitale azionario. Si tratta di un processo di lungo periodo, finalizzato a influenzare positivamente i comportamenti dell'impresa e ad aumentare il grado di trasparenza.

Impact Investing

Questo criterio consiste negli investimenti di imprese, organizzazioni e fondi realizzati con l'intenzione di generare un impatto socio ambientale positivo e misurabile, insieme a un ritorno finanziario; può essere realizzato sia in paesi emergenti che sviluppati. Per fare alcuni esempi: investimenti in microfinanza, social housing, green o social bond.

Conclusioni del capitolo 6:
Covid19: i fondi socialmente responsabili reggono?

In un mercato travolto dagli effetti della pandemia da Covid19 i Fondi Socialmente Responsabili o SRI – Social Responsible Investments – potrebbero reggere il colpo meglio dei tradizionali.

Stupito? Non è una certezza, ovviamente, soprattutto in tempi in cui le certezze non sono più tali in nessun ambito. Si tratta pur tuttavia di un'ipotesi coerente, sorretta da una logica sufficientemente stringente e certificata nei limiti del possibile da numeri a favore.

E ora i fatti: nelle prime 9 settimane dell'anno (dati aggiornati al 6 marzo 2020) l'indice Msci euro – indicatore generale per il mercato azionario nei Paesi dalla moneta unica – ha perso il 12,76%. Nello stesso periodo l'indice ET, composto da tutti i fondi Sri attivi nello stesso mercato, è sotto di 7,68 punti percentuali, cinque in meno rispetto all'indice. Il dato ci viene offerto da un'analisi svolta sui panieri azionari dei fondi del cosiddetto Atlante SRI, pubblicata dall'Osservatorio Eticanews.

E non è tutto. Perdite limitate si registrano anche per i fondi Sri focalizzati sui mercati emergenti e sull'area globale che, sempre secondo la medesima analisi, sovraperformano rispettivamente l'indice dell'area euro di 2,92 e 2,39 punti percentuali.

I dati al momento in cui si scrive sono ovviamente parziali ed è impossibile fare stime per il futuro. Il momento è decisamente particolare per i mercati finanziari, la volatilità segue a ruota. Qualche fattore di lungo periodo potrebbe giocare a favore degli operatori Sri. Il riferimento immediato corre al petrolio, protagonista di un eccezionale ribasso in seguito all'avvio della guerra dei prezzi da parte dell'Arabia Saudita.

Il crollo del barile rappresenta una minaccia per le economie petrolifere e per l'industria dello shale made in USA, ma anche per i fondi tradizionali, tipicamente esposti al settore energetico. Al contrario, i fondi SRI potrebbero limitare le perdite.

Pur non essendo necessariamente *fossil free*, vantano esposizioni minori rispetto alla media, con ovvie conseguenze per i rendimenti: non è un mistero per nessuno che questi fondi abbiano sofferto l'*escalation* di prezzo del greggio nel primo decennio del secolo, per poi recuperare terreno sul fronte della redditività negli anni successivi. L'attuale contesto ultraribassista potrebbe favorire ulteriormente gli investitori responsabili.

La popolarità degli investimenti responsabili è cresciuta a dismisura dopo la crisi. Ad alimentarla ha contribuito certamente l'indignazione nei confronti di una certa finanza tradizionale e dagli eccessi della speculazione a breve termine.

Il successo del settore, che oggi viene stimato oltre quota 30 trilioni di dollari, non va però spiegato soltanto come fenomeno culturale. Molti operatori sembrano aver posto attenzione sulla capacità degli investimenti Sri di sopportare meglio gli shock di mercato. Il che, al tempo di Coronavirus, non guasta affatto.

Uno studio di State Street ha mostrato come i fondi responsabili – stando al 70% degli investitori interpellati dalla ricerca –

consentano di gestire meglio la volatilità. Un'indagine di Morningstar sulla performance dei fondi USA nelle turbolente settimane di inizio 2018 avrebbe confermato la regola: "quando arriverà la recessione e gli investitori ricalibreranno i flussi di capitale" scrive Saadia Madsjeberg, managing director della Rockfeller Foundation "la strategia degli investimenti responsabili emergerà ancora più forte di quanto non sia oggi.

Il momento della verità sembra proprio essere arrivato!

Conclusione

Caro lettore, siamo arrivati al termine di questo libro che per noi rappresenta una guida all'educazione e alla consapevolezza finanziaria con il fine di aiutarti a capire che il "fai da te" nel mondo degli investimenti finanziari, spesso si rivela più costoso e nocivo rispetto all'affidarsi a degli onesti e competenti professionisti del settore. A conclusione di questo libro, ci piace sempre ricordare al risparmiatore-investitore, che la vera differenza tra un investitore capace e uno più sprovveduto, sia caratterizzata da due virtù fondamentali: **tempo e pazienza**.

Il seguente articolo, tratto da "Tempo e pazienza, le virtù dell'investitore retail"– (https://www.fondiesicav.it/tempo-e-pazienza-le-virtu-dellinvestitore-retail/), lo metterà in luce a dovere:

«Nel 1998, l'investitore statunitense Charlie Ellis stabilì un'analogia tra il tennis amatoriale e il mondo degli investimenti. Partendo dal presupposto che giocare a tennis a livello amatoriale è una delle migliori pratiche sportive se si punta a ottenere effetti positivi di lungo termine sulla salute (il dato trova conferma nei risultati conseguiti da alcune ricerche svolte su un campione molto vasto di amatori), quello che ci accingiamo ad esporre è un parallelismo tra le caratteristiche del tennis amatoriale e l'approccio agli investimenti di un investitore non professionale.

Secondo Ellis, se ragioniamo in termini di conseguimento delle performance, entrambe le attività rientrano nella categoria di quelle 'perdenti' o del 'gioco del perdente'. Secondo l'esperto statunitense, anche se l'investitore comune (chiamato "investitore retail") può riuscire a mettere in pratica un 'colpo' vincente sotto forma di un titolo o asset class che sia in grado di generare una performance straordinaria, è poco probabile che riesca a farlo in maniera sistematica in un mondo in cui il 90% delle operazioni vengono realizzate da investitori istituzionali o professionali, che possono contare su risorse nettamente superiori a quelle di cui può disporre il più quotato degli investitori retail.

Per questi ultimi, la continua ricerca di colpi vincenti potrebbe presto trasformarsi in una disperata – e dannosa – caccia al recupero delle perdite accumulate. Le statistiche confermano che questa è purtroppo la fine di molti trader improvvisati o investitori retail che, una volta accumulato un discreto capitale, pensano di poterlo moltiplicare nell'arco di un breve periodo.

Di conseguenza, secondo Ellis, l'unica opzione a disposizione dell'investitore retail per ottenere rendimenti positivi consiste nel commettere quanti meno errori. E quali sono questi errori? In primo luogo, **limitare il numero di decisioni d'investimento potrebbe essere un buon punto di partenza**; non acquistare un titolo soltanto perché ce lo ha consigliato un conoscente o perché se ne sente parlare tanto; entrare e uscire continuamente dal mercato; realizzare un numero molto elevato di operazioni di compravendita o cambiare troppe volte il proprio profilo di rischio.

Questa breve, ma significativa lista di cose da non fare, contiene gli errori che vengono commessi più spesso dalla maggior parte degli investitori retail. La conclusione del ragionamento compiuto da Ellis si sostanzia nel fatto che più aumenta il numero di errori commessi e più crescono le probabilità che vengano compromessi gli obiettivi di lungo termine.

Il risultato negativo è solitamente ascrivibile, non solo al peso crescente dei costi che dovranno essere affrontati per eseguire un numero elevato di operazioni di acquisto e vendita, ma anche a tutta una serie di scelte più o meno negative che precederanno o seguiranno le poche scelte vincenti e performanti.

Per evitare di cadere in questa specie di trappola che lo aspetta, l'investitore retail deve rispettare due regole base. In primo luogo, mantenere un'adeguata e completa diversificazione del patrimonio. In secondo luogo, mantenere disciplinatamente un orizzonte temporale di lungo termine senza farsi condizionare dall'emotività o da influenze che mettano continuamente in discussione quali siano i migliori momenti per entrare o uscire dai mercati.

In altre parole, avere l'umiltà per poter partecipare al gioco degli investimenti senza avere gli strumenti e il *know how* di cui dispongono gli investitori professionali.

Questo approccio non consentirà all'investitore retail di individuare le prossime Microsoft, Netflix o Amazon, ma lo metterà in condizione di evitare gli errori che determinano il conseguimento di performance negative. Il tempo e la pazienza sono gli alleati più validi dell'investitore retail e bisogna lasciarli lavorare in pace affinché portino risultati positivi».

Se ti è piaciuto questo libro e vuoi entrare in contatto con noi anche per valutare una consulenza finanziaria sul tuo stato di salute del patrimonio, potrai trovare i nostri contatti sul seguente sito www.tutelapatrimoni.it

Risparmiatore AVVISATO, MEZZO SALVATO.

A presto, da Alex & Luca.

Contatti Alex
(Mail) alex.dalessandro@tutelapatrimoni.it
(Cell) 334-1105074

Contatti Luca
(Mail) luca.losco@tutelapatrimoni.it
(Cell) 331-520485

Glossario

SPREAD: misura la differenza fra il tasso di interesse offerto dallo Stato più solido in Europa (al momento in cui si scrive la Germania) e gli altri Stati. Quando sale gli altri Stati vengono visti come poco sicuri dai risparmiatori e devono dar loro un premio più alto per convincerli a compare obbligazioni.

SIM: Società di Intermediazione Mobiliare

SGR: Società di Gestione del Risparmio

INVESTITORE RETAIL: sono i risparmiatori, anche imprese, società od enti che non sono qualificabili come clienti professionali. In sostanza comuni risparmiatori che si rivolgono agli intermediari per effettuare i propri investimenti.

ASSET CLASS: classi di investimenti finanziari che possono essere distinte in base a proprietà peculiari, come ad esempio le obbligazioni

ETF: Exchange Trading Fund particolare tipologia di fondo di investimento che si configura come strumento d'investimento collettivo

OPZIONI: strumenti finanziari dal valore collegato al prezzo di un'attività sottostante di varia natura, reale come nel caso di materie prime, oppure finanziaria come nel caso di azioni, obbligazioni ecc.

FUTURES: contratto che impegna ad acquistare o vendere, ad una data futura, una determinata quantità di merce o attività finanziaria ad un prezzo prefissato. Se l'attività sottostante è una merce il futures si definisce commodity futures, se strumento finanziario financial futures.

ORO FINANZIARIO: Funziona come qualsiasi conto in valuta e si basa su una serie di strumenti finanziari

VOLATILITÀ: sono fasi, più settimane o più mesi in cui le oscillazioni delle quotazioni degli strumenti finanziari sono molto vistose. Sono interpretabili come segnali d'incertezza e nervosismo dei grandi investitori e creano preoccupazione nei risparmiatori che hanno meno strumenti per valutare le situazioni.

CORREZIONI DEL MERCATO: La correzione è una discesa rapida ed incisiva delle quotazioni che si realizza in poco tempo, spesso in mancanza di variazioni di dati fondamentali. Di solito durante le fasi di correzione i mercati scendono di una percentuale tra il 10% ed il 30%.

PIL: è l'acronimo di Prodotto Interno Lordo e corrisponde alla ricchezza che un determinato Paese è in grado di produrre nell'arco temporale di un anno, e si tratta della somma totale dei beni e dei servizi che si producono per essere consumati all'interno di uno Stato.

MERVAL: corrisponde al mercato azionario di Buenos Aires

TARP: è l'acronimo per definire il Trubled Asset Relief Program avviato all'indomani della crisi finanziaria del 2008 dal governo degli Stati Uniti per l'acquisto di asset da istituzioni finanziarie ed il rafforzamento del settore finanziario

SUBPRIME: termine inglese che indica quei prestiti che nel contesto finanziario statunitense vengono concessi ad un soggetto che non può accedere ai tassi d'interesse di mercato per problemi pregressi.

EURO STOXX50: indice che comprende una rappresentazione dei settori industriali più importanti dell'area Euro, composto da 50 titoli degli 11 paesi dell'eurozona al momento della creazione dell'indice stesso, nel 1998. Viene utilizzato dalle istituzioni finanziarie come riferimento per un'ampia gamma di prodotti d'investimento.

FMI: il Fondo Monetario Internazionale, in inglese IMF – International Monetary Fund – è un'organizzazione internazionale pubblica a carattere universale composta da governi nazionali di 189 paesi e insieme al gruppo della Banca Mondiale fa parte delle organizzazioni internazionali dette di Bretton Woods

FTSE: è un indice azionario delle 100 società più capitalizzate quotate al London Stock Exchange. È l'acronimo di Financial Times Stock Exchange

MIFID 2: è la Direttiva dell'Unione Europea 2004/39/CE conosciuta anche come MIFID acronimo di Markets in Financial Instruments Directive, atto normativo emanato dal Parlamento europeo il 21 aprile 2004 per la costruzione di un mercato finanziario integrato, efficace e competitivo.

FONDI DI PRIVATE CAPITAL: sono fondi che investono in strumenti finanziari non quotati, in particolare fondi di private equity, di private debt, di fondi infrastrutturali, di fondi immobiliari o dedicati ad investimenti in risorse naturali.

CAPITALE DI SEMINA: Capitale necessario per sostenere l'idea dell'imprenditore.

BUSINESS ANGEL: manager o investitori che amano investire in progetti e nuovi business, da soli o organizzati in network attraverso fondi di venture capital

EQUITY CROWDFUNDING: siti web iscritti ad uno specifico registro della CONSOB istituito sulla base di una normativa precisa del 2012 che raccolgono capitali tra investitori privati e non.

CONSOB acronimo di Commissione Nazionale per le società e la Borsa è l'ente rivolto alla tutela degli investitori, all'efficienza, alla trasparenza ed allo sviluppo del mercato mobiliare italiano.

EFFETTO PELTZMAN: la riduzione del beneficio previsto dai regolamenti che intendono aumentare la sicurezza, in riconoscimento di Sam Peltzman professore di economia alla University of Chicago Booth School of Business

PRE-IPO: l'offerta iniziale o IPO – Initial Public Offering – è un'offerta al pubblico dei titoli di una società che intende quotarsi per la prima volta su un mercato regolamentato

SPAC: Special Purpose Acquisition Company è un veicolo di investimento appositamente costituito con l'obiettivo di reperire attraverso il collocamento dei propri strumenti finanziari sul mercato, generalmente azioni ordinarie

PRE-BOOKING COMPANY: sono società che raccolgono denaro allo scopo di acquistare una quota di una società target e portarla in borsa

ALGORITMO: qualsiasi schema o procedimento sistematico di calcolo

RISPARMIATORI RETAIL: sono investitori retail i risparmiatori, anche imprese, società o altri enti, che non sono qualificabili come clienti professionali, in sostanza comuni risparmiatori che si rivolgono agli intermediari per effettuare i propri investimenti

PROPRIETARY TRADING: si intende l'attività di trading realizzata con scorte commerciali, obbligazioni, valute, materie prime, derivati ed altri strumenti finanziari che la banca fa per se' e non per conto della sua clientela, con l'obiettivo di trarre profitto per se'.

SICAV: sinonimo di Società di investimento a capitale variabile avente per oggetto esclusivo l'investimento collettivo del patrimonio raccolto mediante l'offerta al pubblico di proprie azioni

SHALE: è il termine in lingua inglese che in geologia indica una roccia sedimentaria composta principalmente da fango con aggiunta di materiali argillosi e frammenti di altri minerali quali quarzo e calcite ed ha finito con l'indicare le compagnie petrolifere nella loro globalità.

Bibliografia

Capire la finanza, Banca Generali Private, bancageneraliprivate.it;

Il fondo che non affonda di Michele de Michelis, Trading Library;

L'arte di fare impresa, Paolo Martini, Azimut Libera Impresa;

IL SOLE 24 ORE;

Investire nella sostenibilità, Davide Del Maso Banca Generali Private;

Liberi di scegliere, Milton&Rose Friedman, Harcourt 1980.

Sitografia

Blog.moneyfarm.it

Orogoldinvestimenti.it

Bluerating.com

Econopoly.ilsole24ore.com

Lamiafinanza.net

Financialounge.com

Wallstreetitalia.com

Opportunity.businessroundtable.org

Am.pictet.it

Valori.it

Eticanews.it

Morningstar.it

Emea.invesco.com

Investireresponsabilmente.it

Segreti bancari.com

Sapere.it

Risparimiogestito.money.it

Ilsole24ore.com

Wikipedia.org

Indstars.it

ASSINEWS.IT

Afc.consob.it